REZAR FAZ FELIZ

LUÍS KIRCHNER

Rezar faz feliz

EDITORA SANTUÁRIO
Aparecida-SP

Dados Internacionais de Catalogação na Publicação (CIP)
(Câmara Brasileira do Livro, SP, Brasil)

Kirchner, Luís, 1940-
  Rezar faz feliz / Luís Kirchner. — Aparecida, SP: Editora Santuário, 1994. — (Espiritualidade; 6)

  ISBN 85-7200-182-4

  1. Igreja Católica - Livros de oração 2. Orações I. Título. II. Série.

94-1667   CDD-242.802

Índices para catálogo sistemático:
1. Orações: Coletâneas: Igreja Católica: Literatura devocional 242.802

Com aprovação eclesiástica

Todos os direitos reservados à **EDITORA SANTUÁRIO** — 1994

 Composição, impressão e acabamento:
EDITORA SANTUÁRIO - Rua Padre Claro Monteiro, 342
Fone: (12) 3104-2000 — 12570-000 — Aparecida-SP.

Ano: 2011 2010 2009 2008
Edição: **13   12   11   10   9   8**

Introdução

Nos meus livros *Rezar faz bem* e *Rezar é fácil*, tentei colocar, numa forma simples e acessível, muitos pontos sobre o valor e a importância da oração.

Motivado pela aceitação e pelo sucesso destas duas obras, volto a apresentar mais uma, pois o assunto da oração é tão vasto e complexo quanto o próprio ser humano. Qualquer livro sobre este assunto acaba tratando do homem e da sua atuação. A natureza humana pede a oração como complementação de seu potencial.

Rezar é próprio da natureza humana. Faz parte da resposta à pergunta, quem sou eu? Quem já não reza, perdeu uma parte importante da sua humanidade. Não se entende o ser humano sem a oração. Não rezar é nivelar-se com as bestas e feras, uma afirmação que não faz justiça aos animais!

"O que é um homem", escreveu Santo Agostinho, "senão seus amigos e seus amores?" A oração, para nos fazer felizes, antes nos faz ser ardentes e apaixonados, apaixonados por Deus, por aquele que nos amou primeiro.

Uma pessoa apática, morna, não pode ser feliz. É mais morta do que viva. Somente uma pessoa que vibra, que vive ao máximo a sua capacidade de amar e de se entregar, sente o gosto da felicidade.

Os dias mais felizes da minha vida foram e serão sempre vividos e compartilhados na presença de meus amigos e de meus amores.

A oração nos leva a saborear o sentido mais profundo da nossa existência, com a Pessoa que mais nos amou. Por esta razão, a oração nos faz ser felizes.

Na oração é que Deus "nos deu a conhecer o mistério do seu plano e de sua vontade... na plenitude dos tempos". Cristo nos diz: "Não vos chamo mais meus servos, mas vos chamo meus amigos, pois vos dei a conhecer o que o Pai me revelou".

Acredito que todo o mundo reza, às vezes sem saber que está exercendo este dom. Não acho possível que uma pessoa passe uma vida inteira sem entrar em diálogo e conversa com Deus. Pode estar até brigando com ele, chateado ou com raiva. Mas todo o mundo reza. Este livro quer ajudar cada pessoa a fazer melhor o que já faz, talvez sem saber.

"Felizes os servos que o senhor, à sua chegada, encontrar vigilantes" (Lc 12,37).

Por que rezar?

Quando não entendo a importância ou o valor de um objeto, ou de uma prática, não vou saber valorizá-los. Se sou pescador e acho que um peixe pequeno, como um camarão, não vale nada, eu o jogarei fora.

Se entendesse por que a oração é importante, reservaria um tempo todos os dias para ficar com o Senhor.

Examinemos os 5 passos ou ingredientes iniciais da oração. Eles nos iluminam a respeito do papel e da finalidade da oração em nossa vida. Saber o que devemos fazer e o "por quê", isso ajuda a alcançar nosso objetivo.

1) Louvor
"Como é bom cantar salmos de louvor ao Deus Altíssimo, anunciar pela manhã vossa bondade" (Sl 92).

A primeira qualidade da oração é que com ela se louva o Senhor. Louvar é reconhecer que Deus é bom, é maravilhoso. Diante dele, eu fico cheio de admiração pela sua bondade e pelo seu amor. Nosso Senhor é grande e onipotente, e sua inteligência é incalculável.

"Iahweh é rei, vestido de majestade; Iahweh está vestido, envolto em poder" (Sl 93).

Não peço nada no louvor. Não penso nos resultados que gostaria de obter. Meu louvor está fundamentado numa aceitação total e alegre do que está me acontecendo, como sendo parte da terna e perfeita vontade de Deus para mim.

Não desejo outra coisa a não ser refletir nas qualidades que fazem Deus ser tão fantástico. Meu coração quer gritar e anunciar que um Deus amoroso existe e me criou. "Eu cantarei a tua grandeza."

O louvor não é um negócio que faço com Deus. A idéia não é dizer para Deus que o louvarei se ele me abençoar e me conceder um favor. Louvar a Deus é alegrar-se nele.

Louvar é como ficar diante de uma cena da natureza e sentir a grandeza de um oceano, a beleza de uma montanha, o carinho de um bom amigo. Passo um tempinho admirando suas qualidades. "Eu te exalto, ó rei meu Deus, e bendigo teu nome para sempre eternamente" (Sl 145).

2) Agradecer

Depois de admirar as qualidades de Deus, passo a agradecer-lhe por tudo aquilo que ele me tem feito. "Paralelamente à oração de louvor, brota espontaneamente a oração de ação de graças" (José Flores). Quem tem um coração sensível sente a necessidade de dizer obrigado, de retribuir à pessoa que o ajudou ou trouxe um presente. Não dizer nada seria uma falta muito grande contra a educação.

Deus me criou, me deu vida, me equipou com dons e talentos. É a coisa mais natural do mundo querer expressar a minha gratidão por tudo isso. O meu coração não ficará quieto até conseguir fazer isso. Agradecer é reconhecer quanto dependo de Deus. Dizer "muito obrigado" ao Senhor é um ato carregado de fé e piedade. "Eu vos agradeço, Senhor, meu Deus, de todo o meu coração, porque grande é vossa misericórdia sobre mim" (Sl 85,12-13). Até em termos de pecado temos algo a agradecer, pois Deus falou: "Perdoarei a sua maldade e não me lembrarei mais do seu pecado" (Jr 31,34).

O próprio Jesus reclamou depois de curar os

dez leprosos. Só um voltou para agradecer. O coração humano de Cristo sentiu a falta dos outros nove. Quando foi a última vez que eu agradeci a Deus por um favor recebido? "Por isso eu te dou graças e te louvo e bendirei o nome do Senhor" (Eclo 51,12).

3) Escutar a Deus

Depois que reconheço a bondade de Deus, a sua generosidade, passo a escutar e pedir uma orientação sobre o uso deste dom. Como e de que maneira Deus gostaria que eu empregasse este dom?

Se eu não faço um esforço para ouvir o que ele quer me dizer, como é que posso fazer progresso numa amizade que me leve a aprofundar meu relacionamento com ele? "Deus, tu me sondas e me conheces: conheces o meu sentar e o meu levantar, de longe penetras o meu pensamento" (Sl 139).

Pela oração descubro que Deus tem um plano a meu respeito. Pelo dom do *discernimento* procuro entender o que Deus espera de mim. A minha oração contém um pedido para receber mais orientação. Uma luz. Quero saber o que é que devo fazer.

Muita gente vive uma vida inteira sem perguntar uma só vez o que Deus está esperando dela. Uma oração certa e correta inclui nosso desejo de conhecer e seguir a vontade do Pai. Fazer o que eu bem entendo, quando eu quero, como eu quero, não é o resultado de uma vida de oração verdadeira.

4) Pedir perdão

Quem não tem abusado dos dons que Deus lhe ofereceu? Quem não pecou contra o plano de Deus por não ter vivido bem sua vocação? Deus mesmo falou: "Não tenho prazer na morte do ímpio, mas antes na sua conversão, em que ele se converta do seu caminho e viva" (Ez 33,11).

A oração serve como fonte e momento de reconciliação. Une o coração humano com o amor e o perdão de Deus. "Tem piedade de mim, ó Deus, lava-me por inteiro da minha iniquidade e purifica-me do meu pecado" (Sl 51).

"Entretanto, todas as maravilhas e todos os prodígios do poder divino não foram realizados principalmente para suscitar nossa admiração, mas para nos transformar e nos santificar" (José Flores).

O pecado é o grande obstáculo para o crescimento. Atrasa o desenvolvimento do homem.

Não permite a realização do potencial do ser humano e do filho de Deus. Pecar é tornar-se incompleto e frustrado. São Paulo diz que a vontade de Deus é que "diante dele vos apresenteis santos, imaculados e irrepreensíveis" (Cl 1,22).

O conteúdo de qualquer tipo de oração consistirá em apagar e tirar o pecado de nossa vida. Não pedir perdão é um ato de soberba ou orgulho.

Uma das orações mais comoventes da história da humanidade é o salmo 51 do rei Davi, o pecador, reconhecendo seu estado. E quem ainda não leu a parábola do Filho Pródigo?

Rezar pelo dom do perdão é um ato nobre da criatura fracassada. Porque a mulher samaritana pediu uma ajuda de Jesus, conseguiu sua conversão e descobriu o Messias. "Dá-me, Senhor, beber desta água (viva)" (Jo 4,15). Chamar-se de pecador é dizer que precisamos de Deus.

"O grande médico veio até nós, apagou todos os nossos pecados. Se quisermos recair na doença, não só nos prejudicaremos, mas seremos ingratos para com o médico" (Sto. Agostinho).

5) Pôr em prática

Uma vez que descubro o que Deus quer de mim, preciso de coragem para pô-lo em prática. A oração existe para eu alcançar a graça de ser fiel à minha vocação, para eu agir em nome de Jesus. Quem reza, mas não age, não entendeu a finalidade da oração.

A oração leva o ser humano para a ação. São incríveis as obras que os santos deixaram. Apesar de passarem horas e mais horas em oração, sobrou-lhes tempo para realizar trabalhos que inspiram admiração e respeito.

Eis o segredo da oração verdadeira: transforma o cristão em amigo de Jesus que trabalha pela construção do Reino do Céu. Quem tem uma vida de oração é conduzido e motivado a anunciar Jesus e sua mensagem. Não fica parado, nem omisso. Oração não é um substituto de nossa própria atuação. Deus não quer agir nem ficar em nosso lugar. Seria uma violação de nossa dignidade. Não rezo para Deus solucionar os meus problemas. Rezo para que Deus me ajude a fazer o que devo.

Orar não é querer que Deus faça minhas tarefas, que Deus faça o que cabe a mim. A oração é o reconhecimento das minhas limitações. A primeira qualidade de quem reza bem é ser apóstolo zeloso. Um preguiçoso ou acomodado nunca vai *rezar* bem.

O Concílio Vaticano II falou sobre a importância da ação humana quando escreveu: "Embora distinguindo com cuidado o progresso terreno e o aumento do reino de Cristo, na medida que a sociedade humana for mais bem ordenada, influirá bastante no reino de Deus" (GS 39).

Não vou me salvar sozinho. Rezo para alcançar a graça da perseverança. "Felizes de nós, se o que ouvimos e cantamos pusermos em prática" (Sto. Agostinho).

Analise e estude a sua maneira de *rezar*, olhando para o conteúdo da sua oração. Já está incluindo estes 5 ingredientes na sua oração? Sem eles, sua oração não somente será mais pobre, mas corre o risco de ser incompleta.

Santo Afonso e a oração

É sempre melhor aprender com um craque no assunto. Cinco ou dez minutos com um perito ou especialista valem mais que dez horas lendo um livro sozinho.

Em assuntos de oração, Santo Afonso Maria de Ligório (1787) ganhou fama como o Doutor da Oração, ou seja, uma das maiores vozes na história da Igreja sobre o sentido e o valor da oração.

Um homem prático, que passou toda a sua vida com o povo simples que ele queria evangelizar, Afonso nos diz que uma boa maneira de iniciar o tempo da oração é fazer os diversos atos de amor e devoção. Por exemplo:

a) Ato de fé

Iniciamos nosso dia reafirmando nossa crença no plano de Deus e no seu amor para conosco. Como o cego do Evangelho, rezamos: — Ó Senhor, quero ver, mas aumentai a minha fé. Pedir mais fé é reconhecer que Jesus é o senhor da minha vida.

b) Ato de esperança ou confiança

Entrego o meu futuro nas mãos de Cristo. Ele é a fonte da minha confiança. Nunca se ouviu dizer que se tenha decepcionado quem confiou no Senhor. Santo Agostinho pergunta como podemos duvidar de Deus quando ele (que é a Verdade) prometeu escutar a todos que rezam.

Quem diz que é tão indigno, ou pecador, que não merece que Deus o atenda, esquece que não é a eficácia da oração, mas a misericórdia de Deus que faz a prece ser ouvida. A verdade é que Deus nos dá muito mais graças do que pedimos.

O rei Davi não cantou que feliz é o homem que confia no Senhor? Por quê? Porque ele é sempre cercado pela misericórdia e pelo perdão de Deus.

c) Ato de caridade

Eis a essência da oração: chegar a amar Jesus

FAZ FELIZ...

Cristo como o centro e o sentido da vida. Acender o fogo do amor com palavras e frases que falam de Jesus. Fazer uma declaração de amor é amar alguém. Cada vez que dizemos: "Jesus, eu te amo", o compromisso de amá-lo é fortificado.

d) Ato de humildade

É bom reconhecer nosso status limitado. *Rezar* um ato de humildade é dizer que precisamos de Cristo. "Sem mim, nada podeis fazer". O apóstolo São Tiago lembra uma citação bíblica: "Deus resiste aos soberbos, mas dá graça aos humildes" (Tg 4,6).

e) Ato de reconciliação

Pecamos. Há falhas e erros. Precisamos do perdão e da misericórdia do Pai. Como o filho pródigo, é necessário apenas dar o primeiro passo no caminho para a casa paterna. O resto o Pai resolve.

Quem confessa as suas falhas todos os dias, não irá conviver com pecados graves.

Por que não rezamos mais (e melhor)?

Houve santos que passaram de seis a oito horas por dia em oração, e ainda não estavam satisfeitos com a sua atuação! É difícil chegar ao ponto de não haver espaço para mais crescimento ou progresso.

Vamos examinar as razões que dificultam uma vida de mais oração. São as desculpas que se usam para fugir de um dever e de um privilégio. *Como é fácil nos enganar.*

1) Uma vida desorganizada
A maioria de nós não sabe usar bem o tempo disponível. Gastamos as horas e minutos à toa. Tempo que poderia ser usado para ocupações e tarefas mais nobres ou importantes que "dançam" por falta de tempo.

Tudo nasce de uma vida desorganizada. Fazemos o que achamos necessário ou importante, isto é, comer, descansar, tomar banho, ler o jornal, assistir a uma novela etc.

Se aproveitarmos melhor o tempo à nossa disposição, descobriremos tempo suficiente para *rezar* (e ajudar muitas outras pessoas). Enchemos nossa vida com "besteiras" e futilidades, depois alegamos que faltou tempo para ficar com o Senhor. Claro, porque desperdiçamos algo limitado que não volta mais.

2) Pouca fé

Se entendêssemos a riqueza e o valor que é Deus, não faltaria tempo para conversar e encontrar-nos com ele. Rezamos pouco porque nossa percepção de Deus é fraca.

Visitamos e lembramos muito pouco um amigo do tempo de colégio, até ele se tornar governador. De repente, tentamos conversar com ele e reativar velhas amizades, ficando até indignados quando não há tempo para nos atender. Com poder e status, o velho amigo de repente fica importante.

Se Deus fosse percebido como essencial para a vida, haveria bastante tempo por dia para conversar e ficar com ele.

3) É difícil

Muitas pessoas não rezam mais porque é difícil. A oração exige uma disciplina. Os cinco sentidos procuram estímulos e sensações. Uma oração mais profunda coloca a pessoa numa atitude de silêncio e recolhimento.

É mais agradável ocupar o tempo com atividades, fazer e criar barulho, do que ficar quieto e tomado pela presença do Senhor.

Se uma vida de oração fosse fácil, todo o mundo estaria rezando o dia inteiro. Poucos sobem nas montanhas altas, pois isso é difícil e exige muito. Poucos conseguem um mestrado ou doutorado, pois é difícil e custa anos de estudos. Poucos compram a "pérola preciosa" porque não querem vender tudo para ganhar um grande tesouro.

A natureza, sem a graça transformadora de Deus, segue a lei do mais fácil. Sempre fará o que é menos exigente. Como a lei da gravidade faz as coisas caírem, assim somos tolerantes com aquilo que nos permite sobreviver ou existir, em vez de escolher o que seria melhor.

4) Conversão

Mudança de vida. Muitas pessoas desistem de uma vida de oração porque ela pede uma conversão de vida, mudança de velhos hábitos e costumes.

É impossível passar o dia sendo iluminado pelo Senhor e não sentir as falhas e pecados, as barreiras que criamos para não crescer ou ampliar nossa capacidade espiritual. Quem reza quer ser o melhor possível para seu grande amigo. Não admite ser amigo só pela metade, oferecer um dom defeituoso.

Quem não quer mudar, foge desta tensão. Deixa de *rezar*. Alivia a sua situação, porque não quer enfrentar o problema.

5) Oração pede ação

Uma vida de oração exige ação. Somos levados a concretizar nosso amor em atos e sinais.

Quem está rezando quer dar sinais de seu amor. É impossível comunicar-se com Deus todos os dias e não se interessar pelos assuntos e preocupações de Cristo.

Uma pessoa de oração age. Realiza. Produz. Os exemplos das vidas dos santos oferecem-nos uma grande prova disso. Oração leva à ação. *Rezar* é a motivação que expressa a dedicação e o compromisso com ele.

Veja como São João Crisóstomo pregou: "Que proveito, se a mesa de Cristo está coberta de taças de ouro e ele próprio morre de fome? Fazes um cálice de ouro e não dás um copo de água? Que necessidade há de cobrir a mesa com véus tecidos de ouro, se não lhe concederes nem mesmo a coberta necessária? Enquanto adornas a Casa do Senhor, não desprezes o irmão aflito, pois ele é mais precioso que o Templo".

6) Pecado ou vício

Nossa oração não alcança nem produz o desejado, porque ainda não renunciamos a um pecado ou vício. Em tantas outras áreas de vida, a pessoa é até um modelo de virtude. Mas existe um "buraco negro", onde se recusa entregar a Jesus certa prática ou costume.

Certas pessoas têm apetites ou desejos na vida sexual. Continuam lendo livros ou revistas pornográficos, assistem a filmes eróticos, têm relações sexuais com a namorada ou prostitutas. Querem amar a Deus. Mas não querem abandonar a tentação que as afasta dele.

O uso exagerado de bebidas ou o consumo de drogas provocam o mesmo resultado.

Outra pessoa recusa perdoar a alguém que a

ofendeu ou feriu. Sofre duas vezes, pois agora carrega um veneno que estraga sua felicidade. Alimenta o desejo de um dia vingar-se daquela ofensa. A força do ódio é mais forte que o amor e o perdão. O coração está cheio de raiva. Não há lugar para o Deus amoroso e misericordioso.

Outra pessoa ainda é acomodada, preguiçosa. Não quer se desenvolver nem usar os talentos e dons que Deus lhe deu. Fica subdesenvolvida. Seus pecados são os pecados de omissão. Não faz o que deve. Está em falta. Prefere ficar ociosa a ajudar ou servir. Esta pessoa realiza muito pouco na vida. Chega a se tornar parasita.

Quando devemos rezar?

Santo Afonso, advogado e homem prático, fez uma lista de oportunidades que ainda nos serve hoje em dia. Vejamos o que o Doutor da Oração nos ensina. Ele lembra os momentos especiais que nos levam a *rezar*.

* **Em geral**: converse com o Senhor tantas vezes quantas puder. Aproveite os momentos de folga.

* **Na hora de tribulações**: acredite que o Senhor estará esperando ao seu lado para acompanhá-lo.

* **Na hora das alegrias**: agradeça ao Senhor, não somente quando ganha o que queria. Lembre-se dele sempre.

* **Depois de um pecado ou falta**: confesse

logo sua falha e peça perdão. Deus não rejeita um coração contrito.

* **No momento de uma dúvida**: Por que não consulta alguém com mais sabedoria e inteligência?

* **Por seu próximo**: lembre-se dos enfermos, dos pobres, dos prisioneiros e dos pecadores.

* **Desejar o céu**: Você quer ficar aqui, neste vale de lágrimas, para sempre?

Continuando, Santo Afonso sugere que de manhã cedo, quando você acorda, ofereça logo a Deus todos os seus pensamentos e desejos. Faça tudo para a maior honra e glória dele. Faça também atos de agradecimento, de amor, propondo viver seu dia como se fosse o último da sua vida.

O ideal seria que cada pessoa pudesse passar meia hora em meditação. Talvez não seja possível para certas pessoas, mas o nosso mundo teria menos exploração e injustiça se mais gente pensasse como Cristo. Quantas pessoas vivem em solidão, com frustrações ou tristeza, porque não seguem o plano de Deus.

Cada vez que você sai de casa (ou chega),

reze uma pequena prece ou uma Ave-maria. Agradeça quando se senta para almoçar, principalmente lembrando aqueles pobres que não têm comida. Na hora de iniciar um trabalho, peça a graça de realizá-lo bem, segundo o plano do Pai.

Ler um bom livro, de conteúdo espiritual, alimenta a mente e nos ajuda a entender os pensamentos de Deus.

Ainda existem muitas igrejas que ficam abertas e permitem uma visita durante o dia. Pare um momento para rezar diante do Santíssimo Sacramento. Se não houver uma igreja no seu roteiro, crie um espaço no seu coração onde você converse com o Senhor.

E no fim do dia, faça uma exame de consciência para ver o que fez de mal, ou os pecados de omissão (o que não fez, e devia ter feito). O que agradou ao Senhor? O que desagradou?

Enquanto você apaga as luzes para dormir, aproveite deste momento como sinal que um dia sua vida estará se apagando. Reze por uma boa morte, que você viva sua vida de tal maneira que esteja pronto a encontrar-se com Jesus na hora que ele quiser.

Santo Afonso usou outros símbolos para se lembrar de Deus. Alguns exemplos dele:

Quando você olha para uma árvore quase morta, sem folhas, com seus galhos secos, você está vendo a imagem de uma alma sem Deus.

Você está vendo uma moça bonita, uma cena da natureza, um pôr-do-sol? Como Deus deve ser belo e bonito, pois foi ele que fez tudo isso.

Saboreando um fruto gostoso, um bom prato, um vinho, uma cerveja bem gelada num dia quente, lembre-se do Grande Amigo que fez tudo para você.

O que pedimos, o conteúdo de nossa oração, revela que tipo de pessoa somos. Quem passa mais tempo louvando e agradecendo a Deus, é uma alma mais generosa do que a pessoa que só se lembra de Deus na hora do aperto.

Rezar não é querer que Deus faça a nossa vontade, mas que estejamos em sintonia com a sua vontade. A oração cria uma disposição que nos motiva a seguir o plano do Pai amoroso que nos criou.

Rezar não me dispensa de minhas obrigações. Tenho responsabilidades. Não rezo para que Deus faça o meu trabalho. Rezo para cumprir o meu dever.

Nossa prece será uma "fonte de energias" para começarmos a fazer aquilo que pedimos. Oração gera ação. Rezar pela paz nos leva a trabalhar pela concórdia e união das pessoas. Rezar para que os sofrimentos cessem leva-nos a socorrer e servir a quem padece.

Rezar é uma declaração que Jesus é o Senhor de minha vida, meu Salvador. Que dinheiro, poder, prazer e status não nos salvam nem trazem felicidade. Só Jesus.

Os frutos da oração

Quem desenvolve uma vida de oração cria atitudes e frutos que são sinais de estar no caminho certo. Tratemos desta mentalidade que aparece na vida de quem leva a sério sua busca de Deus.

1) Ao amanhecer, oferece logo o dia ao serviço do Senhor, "topando" qualquer coisa que Cristo pedir, disposto até a sofrer, se for necessário. "Filho, se te dedicares a servir ao Senhor, prepara-te para a prova" (Eclo 2,1).

2) Deseja amar cada vez mais a Nosso Senhor Jesus Cristo. Freqüentemente, durante o dia, faz declarações ou dirige palavras de amor a ele. Quando amamos alguém, esta pessoa está sempre na ponta da língua.

3) Seu relacionamento com ele é "jogo

aberto", sem recusar ou esconder nada. Não existem áreas clandestinas da vida que não se entreguem ao Senhor.

4) O motivo e o sentido de seu trabalho é agradar a Jesus. Seu desejo: "Senhor, que esta ação seja totalmente para ti".

5) Prefere morrer antes de pecar ou ofender a Deus. O pecado é a morte verdadeira. Eterna.

6) Passa, se puder, uma hora por dia em meditação/oração. O tempo que se passa na presença do amado nunca parece excessivo.

7) Faz dois ou três atos de mortificação ou renúncia por dia (como, por exemplo, não beber água gelada, não reclamar da comida, dar um sorriso para alguém chato, ajudar uma pessoa fora do horário etc.). A oração ensina-nos o que quer dizer doação e disponibilidade.

8) Ama o silêncio e os momentos de solidão, pois é assim que escuta a voz de Deus. Quem reza muito evitará os lugares de grande barulho e perturbação. Deus não habita no furacão.

9) Faz suas devoções e preces como se fosse o último dia da sua vida, meditando de vez em quando sobre sua própria morte. Quem se

prepara para a morte não encontrará grandes dificuldades.

10) Não abandona suas preces (ou seu apostolado) por causa de "indiretas" ou críticas de amigos ou parentes, cansaço ou secura. Constância e fidelidade são sinais do cristão.

11) Não reclama na hora de uma doença ou sofrimento. Oferece tudo a Jesus na cruz. Os amigos do Crucificado não podem querer viver uma vida sem problemas.

12) Se pecar ou ofender a Deus, não fica pensando exageradamente na falha, nem esquece da misericórdia e do perdão de Deus.

13) Ajuda e serve aqueles que precisam, dando atenção especial às pessoas de que menos gosta.

14) Repete freqüentemente na oração que deseja ser amigo de Jesus, e não está interessado numa vida fácil ou tranqüila, sem responsabilidades ou compromissos. O sentido da vida está diretamente ligado à adesão a Jesus.

15) Deseja ser quente ou frio. Nunca morno. Pois, enquanto frio, pode entrar num processo de conversão e mudança. Morno, é morrer no lugar.

16) Cada vocação traz suas obrigações especiais. A vocação cristã pede que se procure e siga Jesus com todo o coração. Nenhum sacrifício é grande demais para quem ama Jesus.

17) No seu relacionamento com Deus, não reserva nada para si mesmo que não ofereça a ele. Não quer recusar nada que sabe ser agradável a Deus.

18) Reza todos os dias pela conversão dos pecadores.

19) Faz cada ato com o único desejo de agradar a Jesus, desde o início oferecendo exclusivamente por Cristo a obra a ser realizada.

20) Diariamente se oferece a sofrer por causa dele, rezando: "Jesus, eu me dou inteiramente a ti. Faze comigo como quiseres".

21) Prefere morrer antes de pecar.

22) Renuncia, duas ou três vezes por dia, algum prazer legítimo a fim de imitar o exemplo do Cristo Crucificado.

23) Aproveita o silêncio e a solidão para conversar e ter contato mais íntimo com Jesus. Transforma seu coração numa capela onde pode adorar e louvar ao Senhor.

24) Trata com bondade todos que o trataram mal, pelo menos rezando por eles.

25) Fala bem dos outros, justificando as suas intenções quando não dá para justificar seus atos.

26) Ajuda os outros, conforme sua capacidade, em particular aqueles que não são seus amigos ou o prejudicaram.

Se você não se encontra em nenhum destes itens, se não pratica nenhum deles, é sinal que falta algo na sua oração. Oração gera frutos. Somos transformados pela prática diária da oração.

Você pode apontar mudanças que já aconteceram na sua vida? Que melhoras houve? Que progresso?

Se nada mudou, nada aconteceu.

Quando as emoções já não funcionam

Há uma temporada ou época na vida de qualquer ser humano quando as emoções, aparentemente, já não funcionam. A gente se sente frio e indiferente. O que motivou uma pessoa a agir, que gerou paixão, parece morto.

Para os casados torna-se difícil conviver com um companheiro de muitos anos. Tudo perde gosto e animação. É um sacrifício agüentar o outro por perto. As relações sexuais tornam-se mera formalidade, sem grande prazer ou gozo. É algo que se faz porque sempre foi costume fazer.

Todos os tipos de comida parecem iguais. Só se come porque é necessário para manter a vida. Os pratos esperados chegam sem novidade.

Uma ou outra música ainda consegue mexer com algo dentro de nós mas, em geral, a vida não tem mais atração ou interesse. Tudo virou dever ou obrigação, cumprido por espírito de obediência, não porque queremos. Instalou-se a rotina. É mais a lógica que norteia a vida.

Quando isto acontece na vida espiritual, temos o que se chama: a noite escura da alma. Este momento já foi documentado pelos grandes escritores da vida espiritual.

Rezar torna-se a coisa mais chata da vida. Qualquer razão serve para escapar e abandonar um compromisso de oração. Sentamos para rezar e logo lembramos de algo que ainda tem de ser feito. A oração perde toda a sua atração. Pensamos que é uma perda de tempo.

Só escutamos o silêncio. Secos como um deserto. Rezar exige um grande sacrifício. Se pudermos fazer qualquer outra coisa, faremos.

Que pode ser feito neste momento?

a) Em primeiro lugar, fidelidade à nossa vocação cristã. Jesus não sentiu nojo e revolta no Jardim das Oliveiras? Ele não superou seus sentimentos para cumprir a vontade do Pai? A luta de Jesus no jardim é um exemplo para os momentos de desânimo e rejeição que todos experimentam.

Existem dias em que o jogador não está com vontade de jogar; o artista, com desejo de cantar; o médico, de tratar dos doentes. Mas fazem. A responsabilidade não deixa que sigam impulsos cegos e levianos.

A vida espiritual pede a mesma dedicação.

b) Perseverança. O amor é eterno. Não é de um só dia, nem de um só ano. A constância faz parte da sua essência. Santo Afonso incentivou as pessoas a rezarem pela graça da perseverança: rezar até o fim da sua vida, a fim de conseguir uma boa morte. A quem reza assim, jamais será negada a graça da conversão final.

c) Renovar a fé. A maior prova da existência do amor é uma pessoa fazer a vontade do amado, apesar das resistências e da falta de vontade. Ser fiel à oração nos momentos de secura ou repulsa mostra que o amor a Deus é verdadeiro.

7

Como rezar?

Cada ser humano é diferente. Não existe outro igual a mim. Sou único. Deus me criou deste jeito e trata comigo conforme a minha personalidade e o meu temperamento.

Rezar é uma das atividades mais profundas do ser humano. Toca nas raízes do nosso ser. Ninguém pode rezar do mesmo modo que outro. Há algo próprio e único na minha oração. Cada pessoa, orientada pela experiência de grandes mestres do passado, descobrirá seu caminho, sua maneira de louvar e agradecer a Deus.

A seguir estudaremos grandes linhas ou escolas de oração, conforme a personalidade e o tipo da pessoa. O importante é reconhecer minha maneira de rezar, a forma mais condizente com a minha personalidade.

Não existem duas pessoas iguais, com histórias e passados iguais. Sendo assim, cada uma deve criar um estilo de oração que acompanhe sua personalidade. Deus me aceita do jeito que sou. Não é necessário fazer violência a mim mesmo para manter contato com ele.

Dividamos toda a humanidade segundo os traços e características que a exemplificam.

1) Certas pessoas são extrovertidas (estão mais à vontade no mundo exterior), enquanto outras são introvertidas (mais à vontade no mundo interior).

2) Podem ser mais pensantes, ou mais emocionais. Gostam de resolver as coisas logo, ou precisam de mais tempo para refletir e decidir.

3) Algumas recebem suas informações pelos cinco sentidos, enquanto em outras é a intuição que funciona, trabalhando em cima dos dados que já possuem.

Conforme o tipo de pessoa que você é, deve rezar de um jeito diferente. Não dá para todo o mundo rezar do mesmo modo. Quero agradecer o trabalho de Michael e Norrisey — *Prayer and Temperament* (Oração e Temperamento) — que oferece muitas luzes que ajudam uma pessoa a rezar da maneira mais apropriada à sua personalidade.

Assim, durante séculos, pessoas com criatividade e guiadas pelo Espírito desenvolveram "escolas" de espiritualidade que oferecem pistas gerais para rezar segundo nosso tipo. Vejamos algumas destas escolas:

I. MÉTODO BENEDITINO

São Bento aproveitou-se de um sistema nascente na época dele (600 depois de Cristo), chamado *Lectio Divina* (i.é, Leitura Divina). É um sistema ideal tanto para os principiantes como para os avançados. Pode ser adaptado para todos os tipos de personalidade.

Há quatro partes neste sistema:

1) Leitura.
2) Meditação.
3) Oração.
4) Contemplação.

O progresso na vida espiritual vem da escuta e vivência da Palavra de Deus: estudando, refletindo, rezando e adaptando a mensagem para a vida.

Pelo fato de esta forma de oração ter oferecido algo para todas as personalidades, espalhou-se por toda a parte e conseguiu muitos adeptos. A beleza deste sistema é que qualquer tipo de pessoa pode usá-lo com sucesso.

Por exemplo, a leitura da Bíblia (ou percepção das obras do Senhor) engaja o uso dos sentidos. É uma busca energética da Palavra de Deus e da verdade divina.

A meditação usa a função da inteligência para refletir sobre os pensamentos adquiridos na leitura. A letra morta na página passa a ser algo vibrante. Torna-se presença de Deus.

A oração engaja os sentimentos e emoções num diálogo com o Senhor, dando um sentido personalizado e pessoal a estes pensamentos. Decidimos quais mudanças faremos por causa da verdade de Cristo. A oração pede de nós transformação.

Na contemplação emprega-se a intuição, que junta todas as experiências dos primeiros três passos. No tempo de silêncio, abre-se para a inspiração do Espírito Santo que nos toca pela percepção ou infusão da paz, da alegria ou do amor. "Feliz o homem que me escuta" (Pr 8,34).

"Pela leitura, você busca; na meditação, você encontra; pela oração, você chama; e na contemplação, a porta é aberta" (Guido) .

Em outras palavras, lemos para nos encher; pensamos para esclarecer a idéia; rezamos para ser "quentes" ou apaixonados; e na contemplação, o Senhor nos abraça e segura.

Quem é do tipo "executivo" ou muito intelectualizado terá uma atração para a Leitura Espiritual, pois o estudo e a busca da sabedoria apontam o caminho a ser seguido. Uma orientação para nossa vida diária.

Para quem está procurando respostas, a meditação oferece um espaço para refletir sobre as idéias da leitura. A mensagem é personalizada. Ela se torna minha.

Isto acontece ou por transposição (eu imagino que Jesus está me falando estas coisas), ou por projeção (eu me coloco numa situação bíblica para reviver uma verdade , tirando uma conclusão ou fruto desta experiência). Na oração, há um apelo e um espaço para as pessoas que valorizam a amizade e o relacionamento. Entramos num diálogo com Cristo, correspondendo àquilo que ele já nos falou. Entramos numa relação íntima de amor com o Pai, com o Filho e com o Espírito Santo.

Sentimentos de amor, alegria, gratidão, arrependimento, desejo, entusiasmo, convicção e compromisso são ativados e verbalizados numa oração espontânea de amor, agradecimento, pena, dedicação e petição.

Durante o tempo da contemplação, tempo de silêncio, quietude e escuta, a pessoa com tendências a um temperamento perceptivo encontrará as condições para a oração contemplativa. Apesar das distrações que acontecem, a pessoa retorna constantemente para estar atenta aos apelos e desejos do Senhor.

Para garantir o melhor rendimento na oração, escolha um tempo do dia em que você esteja mais acordado, menos preocupado, bem descansado. Não espere até os últimos momentos do dia, quando não já irá render bem.

Escolha um lugar confortável, agradável, sem muito barulho, onde não haja entrada e saída de muitas pessoas.

Na noite anterior, prepare-se fazendo a seleção da leitura para o dia seguinte. Você chegará à oração como alguém pronto para saborear uma comida desejada.

Leia o texto devagar e mais vezes, desfrutando de cada frase ou palavra, chegando a um bom entendimento do seu sentido. Para certas pessoas vale a pena ler o texto em voz alta.

Um caderno e lápis ajudam a anotar os pensamentos que você tira do texto. Releia as suas anotações. A sua meditação trará novas luzes. Tente tornar a mensagem pessoal, sua.

No momento da oração, responda àquilo que Deus já lhe disse pela leitura. Retribua com atos de gratidão, amor, pedido, louvor, arrependimento, alegria, dedicação etc.

Crie um diálogo entre o escutar e o responder a ele. Assim o diálogo se torna íntimo, carinhoso, cheio de emoções, pois é necessário engajar o coração para obter uma conversão profunda e permanente.

Na contemplação damos um espaço para Deus nos dizer o que ele quer fazer em nossa vida. Exige, entretanto, paciência. Não se pode apressar o tempo do Senhor. No seu tempo dirá o que ele quer. Pede de nós silêncio, calma, fidelidade e paciência.

Os quatro passos desta oração podem ser usados intercalados, primeiro um, depois outro, voltando de novo para o primeiro etc.

Um exemplo de como usar esta oração.

1) **Leitura:** Leia Mt 10,37-42.

2) **Meditação:** Quais são os exemplos no meu trabalho, no meu lazer, no lar e na pastoral quando só procurei a mim mesmo e os meus interesses? Trouxe prejuízo aos outros? Existem exemplos das vezes que eu me sacrifiquei em prol da causa de Deus ou do meu próximo? O que aconteceu como resultado?

3) **Oração:** Peça a graça de se colocar em último lugar, colocando Deus e os outros em primeiro.

4) **Contemplação:** Abra-se para novas luzes que esclareçam o valor do sacrifício pessoal.

Durante 1.500 anos muitos cristãos têm aproveitado desta forma de oração. Formou muitos santos. É um sistema que funciona. Os membros das CEBs no Brasil estão redescobrindo como usá-la.

Mas o Espírito não parou. Não ficou preso numa só forma. Inspirou outros que criaram novos métodos. Estudemos mais um deles.

II. MÉTODO INACIANO

Esta forma de oração é inspirada no soldado Inácio de Loyola, que se tornou o fundador dos jesuítas.

Este método é destinado aos ativistas, pessoas com um senso forte do dever. Querem ser úteis aos outros. Preferem dar em vez de receber. As palavras caridade e serviço formam parte de seu vocabulário.

Uma outra qualidade deste tipo é a sua necessidade de pertencer a um grupo. É a pessoa que faz qualquer organização andar. Um grande número de pessoas que freqüentam a Igreja (são de missa dominical, são membros de uma pastoral etc.) é desta classe.

Gosta de rituais. Detesta a espontaneidade ou as improvisações, as coisas resolvidas em cima da hora. Quer saber as regras do jogo bem antes.

É preocupado com aquilo que ainda não foi feito e pergunta quem vai resolver o problema. Costuma, pois, ser muito atarefado. Não gosta de muitas mudanças e é conservador por natureza. Títulos são importantes e está a favor da Lei.

Sua oração, então, é organizada para alcançar um relacionamento com Deus. Quer ordem, sem perturbações. A reza do breviário é ideal para esta pessoa. Está muito ligado com o Ano Litúrgico, com suas festas e sua regularidade. Adora a Semana Santa com todas as suas comemorações.

A inspiração deste tipo de pessoa está no passado. Olha para o passado para tirar lições para sua vida de hoje. As dimensões históricas formam o que acredita. Acha importante entender a ligação entre a fé praticada no passado e a fé que se vive hoje em dia. A lembrança de um fato da História da Salvação permite que viva neste momento a essência do ato. De uma maneira simbólica, faz o passado se tornar presente e real.

O Evangelho de São Mateus é seu preferido porque dá ênfase para a ordem e a Lei. Jesus é um novo Moisés (legislador). É Mateus que mais cita trechos do Antigo Testamento.

Quando Santo Inácio meditava sobre a festa de Natal, ele imaginava que era um pobre empregado presente ao nascimento de Jesus. Ele olha para o presépio, contempla o que está ali, serve a Nossa Senhora e ao Menino Jesus com muita devoção e amor. Reflete sobre o que quer dizer tudo isso.

Mas este amor pela história e pelo passado evita a esterilidade, pois o seu conteúdo intelectual conduz a pessoa a alcançar novos objetivos.

Seu método de oração segue estes dez passos:

1) Escolher o assunto.
2) Fazer uma oração preparatória (atos de fé, esperança, caridade etc.).
3) Criar a composição do lugar em que a oração será desenvolvida.
4) Pedir a graça necessária para alcançar seu objetivo.
5) Ver o ambiente da cena e refletir sobre ela.
6) Escutar o que se passa e refletir sobre isso.
7) Considerar as circunstâncias e refletir sobre elas.
8) Tirar uma conclusão deste tempo de oração.
9) Conversar com o Pai, com Nosso Senhor, com Maria etc.
10) Concluir rezando um Pai-nosso.

Um exemplo da oração inaciana:

Você é um judeu piedoso de Éfeso, estrangeiro em Jerusalém, que veio participar da sua primeira Páscoa. É manhã de sexta-feira santa.

Você está envolvido numa procissão barulhenta, levando um homem a ser crucificado. Você nunca viu uma crucificação. Então, com curiosidade, você segue a multidão. O nome do condenado é Jesus.

Fica fascinado com a conduta e a maneira como Jesus reage. Fica ao pé da cruz com ele até sua morte.

Feche seus olhos e reviva a cena, capte as conclusões que você experimentou. Tire um fruto. Que mudança vai exigir na sua vida?

A finalidade desta oração é fazer as cenas dos Evangelhos e da Bíblia se tornarem tão vivas e reais que haja uma ligação e uma aplicação pessoal da mensagem para a vida. Mergulhe-se no meio dos detalhes para fazer parte viva deles. Sinta como é a madeira da cruz, o sabor ruim do vinho oferecido a Jesus, o tamanho do prego que passou pela sua mão etc.

Porque se emprega o uso da imaginação sensível mais que qualquer outra forma de oração, milhares de pessoas (que pensavam não ter condições para rezar), encontraram uma solução para a falta de concentração na hora da oração. Em vez de lutar contra a imaginação, incentiva-se o seu uso e tira-se proveito dela.

FAZ FELIZ...

Num outro exemplo, o do Bom Samaritano (Lc 10,25-37), imagine que você é o sacerdote que passou pelo outro lado da estrada para não ficar envolvido. Ou é a vítima ou o bom samaritano que parou. O que cada personagem lhe ensina? Que lição pode tirar?

Se no início você não consegue lembrar todos os passos desta forma, tenha um pouco de paciência até engrenar no ritmo.

III. MÉTODO AGOSTINIANO

Esta é a oração para os poetas, sonhadores, místicos e pensadores teóricos. Parece que um grande número de santos canonizados era deste tipo.

A pessoa que aproveita bem o método agostiniano para rezar tem característica e tendência de ser criativa, otimista, eloqüente, persuasiva, capacitada para escrever e falar. Comunica-se facilmente com os outros.

É um bom ouvinte dos problemas dos outros, um orientador ou conselheiro, faz as pazes e reconcilia conflitos. Não funciona bem quando há tensão ou conflitos, detesta guerras. Gosta de encontros face a face. Sente a mensagem e a comunicação não-verbal, podendo sentir dificuldades que outros não percebem. É uma pessoa com emoções fortes e sente demais quando é tratada impessoalmente. Tem dificuldade no aceitar críticas negativas e desanima diante de uma atitude negativa. É generosa, mas deve ser valorizada e afirmada constantemente. Precisa de muito apoio, preferindo cooperar em vez de competir.

Uma pessoa deste tipo sempre está buscando o sentido das coisas, a autenticidade e a auto-realização. Tem necessidade de alcançar a perfeição e a integridade, está disposta a fazer sacrifícios.

O "agostiniano" se compromete a ajudar os outros, e relaciona-se bem com aquele que acha ser seu amigo. Está cheio de entusiasmo, empatia, compreensão e compaixão. Envolve-se nos problemas dos outros, a tal ponto que se mete demais.

Este tipo tem a capacidade de exagerar valores e virtudes de uma pessoa, que outros nem vêem. É um otimista nato que vê o que outro não enxerga. Basta dizer que para ele as pessoas são mais importantes que as coisas.

Por causa destas qualidades, o "agostiniano"

não usa muito a lógica, nem presta atenção aos detalhes, o que pode provocar reações negativas nas pessoas com quem convive.

Encontra a sua inspiração olhando para o futuro. Sempre está imaginando o que poderia vir a ser. Nunca vai pensar que chegou ao seu ideal. Sempre falta mais alguma coisa, uma possibilidade ainda não realizada. Seu potencial para crescer e desenvolver-se ainda permite mais.

Por isso, quem convive com o "agostiniano" fica chateado com a insatisfação de seu companheiro, que nunca encontra felicidade no momento presente. Seu ideal está para acontecer no futuro.

Como o "inaciano" se projeta no passado para viver o acontecimento e tirar um fruto, o "agostiniano" usa sua imaginação criativa para trazer os atos e palavras de Cristo para a situação de hoje. Tenta imaginar o que Jesus diria se estivesse presente neste momento.

Usa a Bíblia como se fosse uma carta pessoal de Deus para ele. Só depois se preocupa em descobrir o sentido original do autor. A Palavra de Deus existe, em primeiro lugar, para se tornar viva e presente hoje.

Como conseqüência, precisa de mais tempo, de calma, para rezar. Não é um luxo, mas uma necessidade para seu crescimento e auto-realização. Usa muito a intuição e o sentir. Detalhes não interessam. Quer refletir sobre possíveis maneiras de melhorar o mundo e a sociedade.

Procura o sentido mais profundo da Bíblia. Aplica a Bíblia às suas situações atuais, pessoais ou comunitárias. Uma vez que gosta de ser guiado ou levado pelo espírito, precisa do Espírito Santo para garantir que não está sendo conduzido para algo ruim, por um instinto mau.

O "visível", o externo, o aqui e agora não o satisfazem. Tem esperanças de encontrar algo melhor no futuro, mais tarde.

O uso de ícones, estátuas ou símbolos funciona muito bem com esta pessoa. Aproveita de livros sobre a vida dos Santos, pois eles tinham relacionamento ou amizade com as Pessoas da Santíssima Trindade. Sua leitura é descobrir e tirar sentidos escondidos das "entrelinhas". Gosta dos símbolos que Cristo usa no evangelho para descrever o Reino, Deus e sua própria pessoa.

Exemplos do uso desta forma de oração:

Primeiro exemplo
1) Leia Jo 8,1-11.
"Ninguém te condenou?" "Ninguém, Senhor". Disse então Jesus: "Nem eu te condeno. Vai, e de agora em diante não peques mais".

2) Pense nas faltas que você ainda comete. Pense nas críticas e reclamações que os outros têm de você. Imagine estas pessoas levando-o a Jesus para ser condenado. Ele diz, entretanto, "Nem eu te condeno. Vai, e de agora em diante não peques mais".

3) Como você se sentiria com tudo isso?

Outro exemplo
1) Leia Cl 3,12-17.
"Tudo o que fizerdes de palavra ou ação, fazei-o em nome do Senhor Jesus, por ele dando graças a Deus, o Pai."

2) Escolha uma das virtudes citadas, uma que você gostaria de possuir e praticar.

3) Converse com Jesus sobre o que está faltando e deve ser feito para alcançá-la.

Porque a vida do "agostiniano" é fortemente orientada para o relacionamento com outras pessoas, sua espiritualidade reflete isso num forte senso da paternidade de Deus e da sua própria filiação; Jesus é um irmão e o relacionamento com o Espírito Santo é esponsal.

IV. MÉTODO FRANCISCANO

A oração "franciscana" destina-se a uma pessoa que gosta de ser levada pelo espírito interior. Precisa sentir que é livre, para poder ser levada por este espírito. Não gosta de regras ou leis.

Será, então, importante que o Espírito Santo esteja presente para garantir que ela não está seguindo um espírito mau. Se vai seguir os impulsos, deve estar comprometida com a vontade de Deus.

A pessoa que se identifica com este tipo de oração gosta da excitação que crises e confusões produzem. Vibra. Tem energias e entusiasmo enquanto há um problema. Seu "forte" é solucionar problemas. Detesta o status quo. É o que mata seu espírito.

A pressão e as exigências do momento motivam este tipo de pessoa a entrar em ação, quando age rápida e eficazmente. Alimenta-se de aventuras, riscos, desafios, novidades etc.

Esta é a pessoa que anima uma festa, que chama atenção quando entra numa sala, que diverte o grupo com suas histórias etc.

Normalmente é flexível (não provoca conflitos), aberta, pronta para mudar sua opinião pessoal. Sua vocação é conciliar opiniões diversas. Quase todo ponto é negociável.

Vive eminentemente no presente. Não liga muito para o passado, nem para o futuro. Está procurando algo novo e diferente para este momento.

Mt 6,34 é seu lema: Não se preocupe com o dia de amanhã, pois o dia de amanhã se preocupará consigo mesmo. A cada dia basta o seu mal.

Não gosta de rotina, de oração formal (do Breviário, por exemplo). Não tolera momentos prolongados de silêncio. Este tipo de pessoa precisa de muito "espaço" para se sentir livre e espontâneo, a fim de seguir o espírito. Pode ser incentivado a experimentar diversos tipos de oração, para não rezar sempre do mesmo jeito. O tempo de sua oração formal poderia ser menor que o dos outros tipos, pois o serviço amável e a doação são orações verdadeiras para o franciscano.

Usa bastante os cinco sentidos. Vê Deus na criação, como se fosse sua Bíblia: numa flor, numa floresta, num lago, numa cachoeira, numa montanha, no oceano, no pôr-do-sol etc. Na sua meditação sobre a vida de Cristo, está mais preocupado com os atos de Jesus do que com a sua doutrina. Dá muita ênfase aos acontecimentos da vida de Jesus: seu nascimento, sua vida escondida, seu batismo, o alimentar a multidão, a Paixão etc. Não foi à toa que São Francisco popularizou o uso do presépio em cada igreja e em cada lar.

O "franciscano" é capaz do grande gesto. Se alguém pedisse um voluntário para ser refém de uma quadrilha de ladrões, seria o primeiro a se oferecer!

Pelo fato de a sociedade de hoje valorizar certo tipo de individualismo, muitas pessoas encontrarão no método franciscano um sistema que acompanha o seu estilo de vida.

Otimista como o "agostiniano", o "franciscano" vê o amor, a bondade e a beleza de Deus em pessoas e circunstâncias onde outros tipos nada enxergam.

A oração desta pessoa poderia, então, consistir no pintar um quadro de Nosso Senhor, tocar numa flauta cânticos de louvor, costurar uma batina etc. Precisa de ação e vê resultados.

Exemplos da oração franciscana

1) Leia Dn 3,26-90.

Passe meia hora compondo seu próprio cântico de louvores a Deus pelas belezas da sua criação. Inclua no seu cântico as belezas do mundo interior do espírito, de sua natureza, dos seus amigos, como também do mundo exterior e visível.

2) Louve e agradeça a Deus pelas boas qualidades que você encontra em si. Como é que você poderia desenvolver estas qualidades ainda mais?

3) Olhe um pôr-do-sol, contemple as ondas do mar, um lago, uma árvore, uma folha, um inseto etc. Na medida que você observa e estuda a criação, tente chegar a uma compreensão maior da beleza, poder, bondade, amor e sabedoria de Deus.

V. MÉTODO TOMISTA

Este tipo ou forma de oração destina-se ao executivo, a quem está acostumado a liderar e governar. Dirige sua vida com uma série de exigências e obrigações, e tenta dirigir a vida dos outros.

É em tudo exatamente o contrário do "franciscano". Gosta de ordem, tudo no seu devido lugar. Falta de organização mata o "tomista".

O "tomista" é intelectualmente orientado, seguindo orientações racionais. Se você quer comunicar-se com ele, use a lógica. Apele para seu senso de dever. Evite argumentos sentimentais, pois ele apresenta-se como pessoa fria, indiferente aos sentimentos dos outros. Só fala o suficiente, sem uma palavra desnecessária a mais. Detesta besteiras, bobagens e fofocas.

Este tipo de oração tem sua origem na pessoa de Sto. Tomás de Aquino, um dos maiores intelectuais na história da Igreja. Até hoje ainda há muitas pessoas que estudam e seguem seus ensinamentos. A oração "tomista" responde às necessidades de muitos no mundo ocidental, fortemente marcado pelo racionalismo nos últimos 400 anos.

A pessoa desta categoria gosta do poder e sabe usá-lo. Ela quer entender tudo e faz questão de estar por dentro do assunto. Tem uma grande sede da verdade. É excelente no seu trabalho, até perfeccionista. Não aceita facilmente pessoas incompetentes ou irresponsáveis. Cobra do outro o que cobra de si mesmo.

Por causa de sua procura e busca de perfeição, essa pessoa será fortemente atraída para a conquista de virtudes como a verdade, a bondade, a beleza, a unidade, o amor. Uma vez que faz opção pela santidade, gastará toda a sua energia e fará um esforço fora do comum para atingir seu objetivo. Despreza e detesta ficar em segundo lugar, inclusive na vida espiritual.

Possui um desejo forte de entender, compreender, explicar, predizer tudo, a fim de exercer influência e poder sobre os acontecimentos.

Para ela o maior pecado é a ignorância, a incompetência. Critica as pessoas que não atingem certo grau de sucesso ou aperfeiçoamento. Não gosta de repetir uma falha. É atraída por aquilo que é estimulante, desafiante para a mente.

Não está muito interessada no passado. Tem dúvidas sobre a eficácia de muitas coisas e olha para o futuro pensando no que poderia ser.

O "tomista" não se relaciona bem com outras pessoas. Não tem tempo nem interesse por estas coisas. Não está à vontade usando suas emoções. Prefere que tudo passe pela sua cabeça. Uma vez tudo processado e entendido, ele pode ficar tranqüilo e calmo.

É importante que este tipo de pessoa seja cercado por quem se interesse pelo seu andamento (uma boa esposa ou uma comunidade que acompanhe a vida dele).

Na espiritualidade, se esta pessoa descobrir uma falha ou defeito na sua vida, estabelece passos sistemáticos a serem dados para se corrigir. Usa toda a força da sua mente para superar um problema como a preguiça, o orgulho, o egoísmo etc.

Como é de esperar, sua oração é metódica, lógica, racional, discursiva. Vai de um ponto para outro, de uma proposta para outra.

Dos quatro ingredientes da *Lectio Divina*, gosta mais da meditação, onde pode usar sua inteligência para refletir. Vai enxergar uma virtude ou falha por meio do pensamento.

É necessário que aprenda a usar também as emoções, pois uma conversão ou metanóia que compromete pede um envolvimento emocional de parte do ser humano. Senão, é apenas mais um desejo ou pensamento. O "tomista" corre o risco de pensar que basta saber a verdade para uma pessoa se tornar santa.

Sua oração emprega o uso de sete perguntas:

QUÊ?
POR QUÊ?
COMO?
QUEM?
ONDE?
QUANDO?
COM QUE MEIOS?

Alguns exemplos:
1) Se o assunto ou objetivo da oração for a FÉ, o "tomista" pergunta:
— Que quer dizer ter fé?
— Quais são seus ingredientes para poder praticar a fé?
— Por que devo ter fé?
— Quando e onde é que pratico a minha fé?
No final, crie uma frase a ser repetida durante o dia.

2) Leia Lc 1,39-46.
Considere o ministério de Maria para com Isabel. Maria, desprendida, torna-se a "primeira ministra da Eucaristia".
— Que mudanças devo fazer a fim de alinhar a minha fé com a de Maria?

3) Leia Mc 8,34-38.

— Que Jesus quer dizer quando diz que, para ser seu discípulo é preciso carregar a cruz e segui-lo?

— Quais as cruzes que existem na minha vida? Eu as carrego da mesma maneira que Jesus carregou a sua para o Calvário?

— Que preciso mudar na minha atitude atual a respeito da minha cruz?

Virtudes e características de quem ama Jesus Cristo

Mais uma vez busquemos nos escritos do grande mestre da oração, Santo Afonso, idéias que nos orientem para alcançarmos o objetivo da oração: — amar Nosso Senhor Jesus Cristo.

Sempre homem prático, ele fez diversas listas de sugestões e planos para ajudar as pessoas que queriam progredir na vida espiritual.

Quem aprofunda uma vida de oração começa por mudar. Adota novas atitudes que contradizem os valores deste mundo. O cristão autêntico vai contra a sabedoria da sociedade atual.

Inspirados no exemplo de Santo Afonso, então, atualizemos uma de suas listas para conferir se estamos crescendo ou não no amor de Cristo:

1) Quem ama Jesus sofre com paciência todas as tribulações que a vida apresenta: doenças, dor, pobreza, perdas, a morte de amigos ou parentes, insultos, perseguições, enfim, tudo o que é desagradável.

Quem reza e ama Jesus entende que as dificuldades deste mundo são sinais ocultos do amor de Deus para com ele, uma ajuda no plano da salvação.

Mortificações que vêm das mãos de Deus têm muito mais valor e são mais agradáveis a ele do que aquelas que são escolhidas.

Não se pode ser amigo íntimo de Cristo e não querer sofrer um pouco com ele. Quem não tem a coragem de perder uma perna, pelo menos ande com uma pedrinha no sapato...

2) Na hora de uma doença, entregue-se nas mãos de Deus, abraçando a vontade dele. Não existe oração ou exercício espiritual melhor.

Olhe para uma cruz e veja quanto ele já sofreu por nossa causa. Ofereça sua dor para completar o que faltou na Paixão de Cristo.

Até na hora da morte, ofereça sua vida com tranqüilidade como os mártires fizeram. Num espírito de sacrifício, dê prazer ao Senhor por sua união com a vontade dele.

3) Em sintonia com a vontade dele, aceite as conseqüências da pobreza e as inconveniências que a acompanham: o frio, a fome, o cansaço, a humilhação, o desprezo etc. Jesus nasceu pobre e morreu ainda mais pobre. Não podemos imitar um pouco seu exemplo?

4) Não leve em consideração as suas perdas, seja de bens, de parentes ou amigos. Costume rezar: — se for a vontade de Deus, assim seja, eu aceito.

Quando morre um parente, não perca muito tempo com lágrimas. Reze por ele e ofereça a Jesus a dor de seu luto.

5) Quem reza pode enfrentar insultos e desprezos com paciência e tranqüilidade. Responde às palavras ásperas e às injúrias com palavras de bondade e gentileza. Perturbado, fica no silêncio até a paz retornar. Imita o silêncio de Cristo que, na cruz, não reclamou nem xingou seus perseguidores.

6) Trata a todos do mesmo modo, seja patrão, seja peão. O estranho receba o mesmo tratamento reservado para um amigo. E ainda

mais, tem um carinho todo especial para com os pobres, os doentes, e principalmente para com quem o tratou mal.

7) Quando for necessário chamar a atenção ou corrigir a falta de alguém, ele o faz com delicadeza e carinho, para conseguir seu objetivo de ajudar a pessoa crescer. Nunca o faz com raiva ou apaixonado. Faz tudo para deixar o outro numa situação calma e pacífica.

8) Evita invejar as pessoas que têm dinheiro, bens, posição social, riquezas etc. Só tem inveja de quem ama Jesus mais do que ele. Agradece a Deus por tê-lo iluminado a respeito da vaidade desta vida.

9) Sua maior satisfação pessoal é saber que fez a vontade de Deus. Na hora de um fracasso, deixa de lado a inquietude; na hora de um sucesso, tem certa cautela, não procurando aplausos; quando criticado, entrega tudo a Deus para que se cumpra a sua vontade.

FAZ FELIZ...

Os meios principais para alcançar a santidade

1) Em primeiro lugar, quem reza e ama a Jesus evita qualquer pecado proposital, ainda que pequeno. Se cometer uma falta, não fique com raiva ou impaciente consigo. Faça um ato de penitência, um ato de amor a Jesus, pedindo sua ajuda, prometendo que não vai repetir a mesma falta.

2) É fundamental e necessário que você deseje ser santo, acredite que é vocacionado para isso. Deseje possuir as virtudes que os santos praticaram, ter o amor que eles mostraram a Jesus. Se você ainda não tem este desejo, reze a Jesus pedindo esta graça.

3) Passar uma ou duas horas por dia em oração parece uma loucura, mas, quando a gente quer, consegue. Quanto tempo se gasta à toa em futilidades e depois se alega que não há

tempo para rezar. Não deixe que o cansaço ou qualquer outra razão o tirem do seu tempo especial com o Senhor. Como é fácil enganar-se neste ponto!

Que se faz durante este tempo? Coloque as suas necessidades nas mãos de Jesus e de Nossa Senhora. Peça a graça de ser fiel até o fim. Renove seu pedido de ser amigo de Jesus, especialmente lembrando-se de rezar na hora da tentação.

4) Participar freqüentemente na EUCARISTIA comungando cada vez que possível. Não há uma espiritualidade cristã completa sem a Eucaristia e a Missa. Todos os santos tinham um grande amor por Cristo na Eucaristia.

5) Outro ponto que está sendo ressuscitado é a importância de ter um(a) Diretor(a) Espiritual, alguém que o acompanhe e conheça a sua vida. Veja o que escrevi no livro *Rezar faz bem* a respeito deste assunto. Ninguém pode ser guia de si mesmo.

6) Seja humilde. Não se torne orgulhoso por causa de qualquer título, posição social, bens familiares, talentos, ou qualquer outra vantagem. Lembre-se que tudo é dom de Deus. Se você ocupa um cargo importante, diga para si mesmo

que você nada mais é que um servo inútil fazendo seu dever. Aceite denúncias ou ataques como meios para crescer. Não se pode querer ser humilde e nunca sofrer nenhum vexame.

7) Um apego exagerado aos bens materiais estragará seu relacionamento com Deus. Você não é anjo. Tem necessidades físicas e biológicas. Use as coisas, não seja controlado por elas. Elas existem para você louvar a Deus, não para separá-lo dele.

8) Não ceda à paixão da raiva. Não fale quando está perturbado. "Eu nunca me lembro de alguma vez ter ficado com raiva sem que depois não me tenha arrependido" (São Francisco de Sales).

9) A santidade consiste em amar a Deus. Amar a Deus é fazer a sua vontade. Aceite o que vier: prosperidade ou adversidade; saúde ou doença; o bem ou o mal. Tudo vem de Deus. Nunca será necessário, diz São Filipe Néri, prestar contas a Deus por aquilo que foi feito por obediência a ele.

10) Existem dois remédios contra a tentação: resignação e oração. Embora a tentação não venha de Deus, ele a permite para experimentar se seu discípulo realmente o ama.

11) Para viver bem esta vida, é necessário que guardemos certas verdades a respeito da vida eterna:

a) Tudo que acontece nesta vida — seja de alegria, seja de dor — não dura; mas, na eternidade, nada vai acabar.

b) Na hora de nossa morte, que adiantam as vitórias e as vantagens deste mundo?

c) Tudo que vem de Deus — seja bom, seja ruim * é bom para nosso bem-estar e salvação.

d) É preciso deixar tudo a fim de ganhar tudo.

e) Não existe nenhuma paz perfeita e verdadeira longe de Deus.

f) Amar a Deus (e salvar-se) é a única coisa necessária.

g) Não precisa temer nada, a não ser o pecado.

h) Quem perder Deus perdeu tudo.

i) Quem reza se salva.

j) Deus é barato a qualquer preço.

k) Qualquer dor é leve ou mansa para quem merece o inferno.

l) Quem olha para Cristo crucificado enfrenta e sofre tudo.

m) Quem deseja Deus torna-se rico de todos os bens.

"Feliz o homem que diz: Jesus, só a ti desejo e mais nada!"

Quem ama a Deus de verdade, encontrará felicidade e prazer em todas as coisas. Quem não ama a Deus nunca encontrará felicidade verdadeira nas coisas criadas.